AF224197

ESSAI

SUR LA

PROPRIÉTÉ FONCIÈRE INDIGÈNE

AU SÉNÉGAL

PAR G. PIERRET

Procureur de la République.

SAINT-LOUIS

IMPRIMERIE DU GOUVERNEMENT

1895.

ESSAI

SUR LA

PROPRIÉTÉ FONCIÈRE INDIGÈNE

AU SÉNÉGAL

La propriété foncière du Sénégal repose sur une législation et des principes incertains, confus, et parfois même contradictoires. Il n'y a donc pas lieu de s'étonner des conflits de plus en plus fréquents qui s'élèvent entre particuliers comme entre ceux-ci et le domaine, relativement à la possession du sol.

Ils eussent été évités ou tout au moins considérablement atténués, si lors de l'occupation des districts situés sur le continent, on avait pris soin de déterminer quelles étaient les terres dont les détenteurs pouvaient se considérer comme propriétaires incommutables et quelles étaient celles que le Gouvernement se réservait de concéder, et si, en outre, à l'instar de ce qui s'est passé dans plusieurs colonies, on avait soumis les transactions immobilières à certaines formalités, telles que : la publicité, l'enregistrement administratif et la délimitation préalable.

Au lieu de procéder ainsi, l'État a préféré « laisser faire » et son indifférence a été si grande, qu'il a assisté sans s'émouvoir à l'aliénation de terrains sur lesquels ses droits étaient incontestables.

Aussi lorsque plus tard, voulant élever des constructions sur ces mêmes terrains, il a émis la prétention de reprendre son bien, il s'est entendu faire la célèbre réponse de Tartuffe à Orgon :

« C'est à vous de sortir, vous qui parlez en maître »

L'État fut donc forcé de recourir aux Tribunaux pour se faire réintégrer dans sa propriété, mais c'est alors qu'on se heurta à de nombreuses difficultés et que la situation immobilière du Sénégal se révéla comme un véritable imbroglio.

De part et d'autre, on cria à la spoliation, et la jurisprudence, en présence d'une question aussi complexe et aussi confuse, préféra trancher les litiges par des considérations de fait et d'équité.

Cependant, le côté juridique de la question offre un intérêt capital, car à l'envisager sous cet aspect, on peut aisément trouver le moyen d'asseoir sur des bases définitives, la propriété immobilière et de clore ainsi un débat stérile et irritant.

A cet égard, il importe de rechercher quelle était, sous la domination indigène, l'organisation foncière du Sénégal et quelle transformation elle a subi du fait de l'occupation française.

Propriété indigène.

Quel était le régime des terres sous les anciens souverains indigènes ? Sur ce point, aucune controverse n'est possible. Les traditions les plus anciennes nous montrent qu'au Oualo comme dans le Cayor et les autres localités, la terre appartenait au prince. La souveraineté et la propriété se confondaient dans la personne du brak ou du damel. Nul ne pouvait détenir une portion de terre qu'en vertu de leur permission, laquelle était toujours révocable. Il était, à la vérité, loisible au possesseur de louer sa terre et de percevoir, pour prix de sa location, une redevance en nature, mais il lui était expressément défendu, sous peine d'être expulsé du pays, de consentir une aliénation. Enfin, la durée de la concession était limitée à la vie du souverain qui l'avait consentie ; mais, en fait, les concessionnaires restaient le plus souvent en possession des terres qu'ils détenaient ; seulement, pour rendre hommage au principe, que la propriété était un attribut de la souveraineté, ils se présentaient au nouveau souverain duquel ils obtenaient, moyennant un cadeau, une nouvelle investiture.

Ainsi donc, au Sénégal, la condition des terres était assez

semblable à celle de notre ancien droit féodal où le suzerain avait le domaine éminent et le vassal le domaine utile. Comme à l'époque de la féodalité, le droit éminent du souverain sénégambien se manifestait par une redevance que celui-ci recevait du concessionnaire. Cette redevance, qui consistait, tantôt en guinées ou pagnes, tantôt en bestiaux ou récoltes, était acquittée d'une façon plus ou moins régulière; mais, elle n'avait aussi d'autres limites que celles que lui assignaient le caprice et l'avidité des rois. Dans les Etats où le souverain était craint parce qu'il était puissant, comme dans le Cayor, les concessionnaires s'acquittaient exactement de leurs obligations, mais il n'était pas rare qu'après avoir payé au-delà de ce qu'ils devaient, ils n'eussent à subir de nouvelles exigences des officiers qui étaient préposés au recouvrement des impôts.

A certaines époques, les cultivateurs subirent de telles vexations qu'ils préférèrent abandonner leurs terres et l'on se montre encore dans certaines parties du Cayor, de vastes terrains arides où étaient jadis des « lougans » prospères. Quand le souverain était faible et entouré de vassaux puissants, la plus grande partie de la redevance était accaparée par ceux-ci, qui se dispensaient de rendre compte à leur suzerain. C'est notamment ce qui se passait au Oualo où les chefs de province (Kangamm) étaient de véritables suzerains dont le titre était héréditaire et qui ne relevaient du brak que d'une façon toute nominale. Aussi, la situation de ce dernier était-elle loin d'être brillante, s'il faut en croire P. Labarthe qui, dans un ouvrage écrit au XVIII° siècle s'exprime ainsi sur le compte de ce roitelet : « Le brak est propriétaire de toutes les terres. Il oblige ses sujets de cultiver toutes celles dont il se réserve la jouissance ainsi qu'en usaient les rois de la première monarchie française. Cependant, malgré son pouvoir, il est peu de princes aussi misérables. Son revenu le plus certain consiste dans des coutumes que nous lui payons. » (Voyage au Sénégal pendant les années 1784 et 1785, d'après les mémoires de la Jaille, ancien officier de la marine française, par P. Labarthe).

Cependant, grâce à l'influence des doctrines venues du nord de l'Afrique et propagées par les marabouts dont l'influence, à partir du XVIIIe siècle alla croissant de jour en jour, la notion de la propriété individuelle ne tarda pas à pénétrer dans les pays conquis à l'islamisme.

Le Coran avait dit : « C'est Dieu qui a créé pour *vous* tout ce qui est sur la terre » (verset 27, chapitre II.)

Les docteurs interprétaient ce texte en ce sens que : Dieu permet à tout homme de s'emparer de toutes les choses utiles sans maître (meubles et immeubles). Allant plus loin, ils décidèrent que le premier occupant d'une terre morte, inculte (meouât) en devint le propriétaire, même sans la permission du prince, à moins que la terre ne soit voisine d'un lieu habité (1). La propriété ainsi acquise passe aux héritiers de l'occupant. Mais, à côté de cette règle, que la propriété s'acquiert par l'occupation effective, la mise en culture du sol, les jurisconsultes musulmans posèrent cet autre principe qui est le corollaire du premier, à savoir que si la terre primitivement occupée, cesse d'être cultivée, elle redevient « meouât » — res nullius — et le premier venu peut en devenir propriétaire.

C'est cette doctrine qui, grâce aux marabouts, s'implanta dans certains états musulmans du Sénégal, notamment dans le Fouta et le Saloum, où elle est encore fidèlement observée. Dans ces deux pays, en effet, la terre comme les meubles s'acquiert par succession et le chef ne peut exiger qu'un droit de mutation connu sous le nom de « n'dioldé ». Toutefois, ce privilège n'existe pas au profit des badolos, ou paysans qui sont, quoique au-dessus des captifs, les parias du Sénégal.

Une autre particularité par où la législation du Saloum et du Fouta trahit son origine, c'est que la propriété y est constituée par le seul fait de l'occupation et de la culture d'une terre, pourvu que cette terre soit située en dehors des villages, dans la brousse inculte.

---

(1) Cette restriction est enseignée par l'imam Mâlik.

Pour en finir avec cette question de la propriété indigène, disons que l'ancien système, d'après lequel les chefs étaient seuls propriétaires, subsiste dans la plupart des Pays de protectorat ; dans le Cayor et le Oualo, pour ne citer que ceux-là.

Pour ces derniers pays, la constitution du sol est donc aujourd'hui ce qu'elle était à l'origine et c'est à l'ancienne coutume qu'il faut se reporter pour déterminer l'étendue des droits des indigènes.

Traités de 1679, 1764 et 1765.

Ces traités furent les premiers actes en vertu desquels la France acquit un droit de propriété sur les côtes du Sénégal.

Voici dans quelles circonstances ils intervinrent :

La Compagnie française du Sénégal possédait sur les côtes du Baol, du Cayor et du Sine quelques comptoirs, entr'autres Portudal, Joal et Rufisque. En 1679, les chefs de ces pays envahirent ces comptoirs où ils commirent toutes sortes d'excès. L'amiral Du Casse infligea un châtiment aux auteurs de ces pillages : il prit et détruisit plusieurs villages et força le teigne du Baol, le Bour-Sine et le damel du Cayor à signer des traités aux termes desquels ils cédaient à la Compagnie toutes les côtes de leur royaume sur six lieues de profondeur.

Voici, du reste, comment s'exprimait l'article 1er de ces trois traités dont la rédaction est identique et qui sont rapportés dans l'ouvrage du R. P. Labat intitulé : « Nouvelle relation de l'Afrique occidentale ».

ARTICLE PREMIER. — Toutes les côtes de la mer du royaume avec six lieues dans les terres appartiendront pour *toujours* et en toute *propriété* à la Compagnie française du Sénégal.

Ces trois traités furent enregistrés au greffe de l'Amirauté du Hâvre, le 18 octobre 1679 et leur validité fut reconnue par Louis XIV. Des lettres patentes de 1681 portent que la Compagnie du Sénégal jouira des terres appartenant à celle qui l'avait précédée tant par les concessions de Sa Majesté que pour les traités faits avec les Rois du pays ou à titre de conquête, sur la côte du Sénégal et sur celle de la terre ferme d'Afrique *avec six lieues de profondeur dans les terres.* Dans les chartes de concession qui suivirent, les territoires en bordure de la mer acquis en 1679, furent aussi expressément compris dans le domaine concédé aux Compagnies.

Cependant, il convient de le reconnaître, ce droit de souveraineté et de propriété était plutôt nominal que réel et les diverses compagnies qui se succédèrent au Sénégal ne pensèrent pas un seul moment à tirer parti de ce vaste territoire et à y fonder de nouveaux établissements. Les efforts et les regards étaient tournés ailleurs ; ils étaient tout entiers concentrés sur le fleuve du Sénégal, qui était, à cette époque, jalonné de comptoirs florissants où le génie aventureux et pratique de Brue projetait de faire affluer le commerce du Soudan et des centres situés sur la rive gauche du Niger.

L'indifférence que la compagnie témoignait à l'égard de son domaine maritime suscitait les regrets du R. P. Labat qui semble avoir été le premier à deviner l'avenir de Dakar. Dans l'ouvrage que nous venons de citer, il signale l'importance du Cap Vert, et il insiste sur la nécessite qu'il y aurait à marquer d'une façon tangible la souveraineté de la France sur cette partie de la côte.

Ces conseils ne furent pas entendus et les droits de la France sur les côtes du Sénégal étaient à ce point ignorés et méconnus qu'en 1764 et 1765, on éprouva le besoin dè signer des conventions avec le damel du Cayor pour obtenir la propriété de la presqu'île du Cap-Vert.

Un traité analogue fut conclu à nouveau en 1787 sous le gouvernement du chevalier de Boufflers (Walckenaër, *Histoire des Voyages*, tome VI, page 6.) (1).

Voici ce qu'écrivait à ce sujet, en 1785, le contemporain

---

(1) Voyage de M. Geoffroy de Villeneuve, dans la Sénégambie en 1785, 1786, 1787 et 1788.

Labarthe : « Il paraît qu'on avait oublié de faire valoir nos
« prétentions (celles résultant des traités de 1679) puisque en
« 1763 et 1765, nous avons traité avec le roi Damel. A cette
« époque, il nous a cédé le cap Vert et les terres voisines,
« depuis la pointe des Mamelles jusqu'au cap Bernard, espace
« où se trouvent les villages de Daccard et de Bin, dont on
« peut tirer des ressources. »

Les guerres qui marquèrent la fin du xviiie siècle et le
commencement du xixe ne permirent pas d'utiliser les territoires
que nous nous étions fait céder. Les Anglais, qui prirent à
plusieurs reprises Gorée, ne parurent pas davantage se préoc-
cuper des dépendances de la terre ferme.

Arrêté du 15 mai 1822.

Lorsqu'après une occupation anglaise de 16 ans pour Gorée
et de 8 ans pour Saint-Louis, le Sénégal nous fut rendu par le
traité de Paris, le gouvernement du roi Louis XVIII eut alors
une pensée grande et généreuse. Au lieu d'enlever à la
Sénégambie l'élite de ses enfants pour les envoyer cultiver les
îles d'Amérique, il résolut de leur faire exploiter la fertilité du
sol natal. En conséquence, il prescrivit au colonel Schmaltz,
nommé commandant et administrateur, de se procurer les
terrains nécessaires pour faire de la colonisation sur une vaste
échelle.

Le colonel Schmaltz, aussitôt son installation, entra en pour-
parlers avec le brak du Oualo, Amar-M'Bodj, dont les États
confinaient à notre possession de Saint-Louis, et il conclut avec
ce chef indigène un traité, en date du 8 mai 1819, dont voici
les principales dispositions :

ARTICLE PREMIER. — Le brak et les chefs de Oualo cèdent
aux Français les terres qui leur paraîtront convenables pour
fonder des établissements.

ART. 2. — Ils promettent, en exécution de l'article 1er, de
céder et remettre aux Français, *en toute propriété* et pour

toujours, les îles ou autres parties des terres du royaume du Oualo qui paraîtront convenables pour des établissements de culture que le Gouvernement jugera à propos d'entreprendre à présent et par la suite. Cette concession est faite moyennant les coutumes stipulées en l'article 1er.

Un arrêté du 15 mai 1882 détermina les formes et les conditions dans lesquelles se feraient les concessions ; leur étendue devait être d'au moins 65 hectares. Les concessionnaires étaient soumis aux charges suivantes : 1° justification de la possession d'un capital ; 2° dans les deux premiers mois de la concession, construction de logements pour les travailleurs et défrichement de 15 hectares au moins ; 3° mise en valeur du tiers de la concession dans les deux premières années et du deuxième tiers dans les trois années suivantes; 4° défense d'aliéner le terrain si un tiers, au moins, n'est pas défriché. A côté de ces charges, des faveurs étaient accordées ; elles consistaient en : 1° une prime à l'exportation des denrées coloniales ; avances faites par le Gouvernement d'outils, bestiaux, instruments aratoires, machines agricoles, graines et végétaux ; 3° main-d'œuvre gratuite dans certains cas.

Une disposition de l'arrêté sauvegardait les droits des indigènes en décidant que, si sur les terrains concédés, il se trouvait des champs cultivés par des indigènes, ceux-ci auraient droit pour les défrichements qu'ils auraient accomplis, à une indemnité annuelle.

Le traité de 1819 et les arrêtés qui en ont réglé l'exécution sont à retenir, car ils démontrent à l'évidence que les chefs indigènes avaient la libre disposition des terres, même de celles qui étaient cultivées, puisqu'ils nous ont cédé en toute propriété, au commencement du siècle, sans réserve aucune, toutes les terres du Oualo qu'il nous conviendrait de prendre.

Sans doute, nous avons indemnisé les cultivateurs dont les champs se trouvaient compris dans le périmètre des concessions, mais, en agissant ainsi nous n'avons entendu nullement leur reconnaître un droit de propriété.

Nous avons seulement voulu concilier les intérêts de la colonisation avec les principes de bienveillance et d'équité dont on ne doit jamais se départir vis-à-vis des indigènes. Nous avons pensé que les concessionnaires devant profiter des travaux de défrichement accompli par les cultivateurs, il était de toute justice d'indemniser ceux-ci.

Arrêtés de 1862 et de 1863.

Jusqu'en 1854, le Sénégal proprement dit resta au point de vue territorial ce qu'il était au moment de la prise de possession. En dehors de Saint-Louis et de Gorée, nous n'étions nulle part chez nous et pour commercer dans les escales, nous étions obligés de subir les exigences des chefs maures ou noirs et de leur payer sous le nom de « coutumes », un tribut très onéreux. Sur la côte du Cap-Vert, nous n'entretenions aucun représentant officiel. Quelques traitants étaient, il est vrai, répandus dans des villages de la côte, mais ils y étaient soumis à l'autorité, c'est-à-dire à tous les caprices et aux exactions des chefs indigènes (1). Le gouverneur Bouet comprit que nos intérêts et notre dignité nous commandaient de mettre fin à une situation aussi humiliante. Il élabora un programme d'action qui eut la bonne fortune d'être adopté par le Ministère, et selon ses propres expressions, il en commença l'exécution avec conviction et résolution. Faidherbe compléta et acheva son œuvre.

Le Oualo délivré de la tyrannie des Maures fut annexé à la colonie et doté d'une constitution, à la date du 1er janvier 1860. Le Gouverneur laissa à ce pays ses institutions civiles estimant avec raison que nos lois ne pouvaient convenir à un peuple différent de nous par ses traditions, ses mœurs et sa civilisation et que l'assimilation s'obtient bien

---

(1) Voir au *Moniteur du Sénégal* du 7 juin 1859 l'exposé sommaire de la situation des traitants de Rufisque avant cette époque.

mieux avec le temps et la persuasion que par la force et les codes. On ne changea donc rien au régime des terres, mais on décida que le Gouvernement ferait tout son possible pour constituer la propriété individuelle.

Par l'article 22, l'État se réservait la propriété de tous les terrains, non cultivés et non bâtis du Oualo. L'acte de 1860, on le voit, loin de supposer l'existence d'une propriété indigène, la contredit formellement, puisqu'il envisage la constitution ultérieure de la propriété privée.

Si du Oualo, nous passons aux autres pays annexés nous voyons que la situation était sensiblement la même au moment de la conquête.

Partout où les Français s'établissent, ils disposent des terres en maîtres.

C'est ainsi qu'à Dagana et à Podor où l'on établit des postes pour mettre les territoires de la rive gauche à l'abri des incursions des Maures, le Gouvernement s'empresse de faire le lotissement des terres et de les concéder à titre gratuit à tous ceux qui viennent se placer sous la protection de notre drapeau.

En 1857, le commandant Protet, gouverneur de Gorée prit officiellement possession de Dakar et y fit élever un fort. Cette mesure était insuffisante ; les chefs de la presqu'île du Cap Vert continuaient à se comporter à notre égard en souverains indépendants. Ils disposaient de la propriété du sol et se faisaient payer des droits par nos commerçants. En 1859, le gouverneur Faidherbe parcourut la presqu'île à la tête d'une petite colonne et signifia aux chefs que, le pays appartenant à la France, ils devaient se soumettre à notre autorité, et ne plus percevoir aucun droit sur les produits qui viendraient à nos maisons de commerce.

Par la même occasion, et s'appuyant (1) sur les stipulations

---

(1) Lettres du Gouverneur Faidherbe au commandant de Gorée des 20 avril et 1er juin 1859.

des traités de 1679, qui attribuaient à la France la suzeraineté sur les côtes du Baol, du Sine et du Saloum, le Gouverneur pénétra avec une colonne dans ces deux pays et imposa à leurs chefs des traités par lesquels nos anciens droits furent reconnus et confirmés. Comme conséquence de cette reconnaissance le pavillon français fut arboré sur tous les villages de la côte, depuis le cap Vert jusqu'à la pointe de Sangomar et la construction de plusieurs blockhaus et fortins fut décidée.

En réalité, la prise de possession effective fut bornée aux villages du littoral et on ne poussa pas plus avant dans l'intérieur.

En 1861, à la suite d'une expédition contre le Cayor, le Damel nous cédait le Gandiolais et reconnut comme l'avaient fait le bour du Sine et le teigne du Baol, notre suzeraineté sur tout le littoral de ses Etats.

La politique énergique du colonel Faidherbe vis-à-vis des indigènes produisit les plus heureux résultats. Le commerce qui était jusque-là languissant, prit un rapide et brillant essor. Des colons s'établirent dans les pays nouvellement conquis, et comme ils avaient besoin de terrains pour bâtir leurs établissements, ils se mirent à acheter au premier venu, oubliant de s'enquérir des titres de leurs vendeurs. Puis vinrent des spéculateurs qui achetèrent à leur tour avec la même insouciance de vastes terrains qu'ils se gardèrent bien d'occuper effectivement et sur lesquels l'Etat et les particuliers croyant avoir affaire à des terres sans maîtres, venaient s'installer à leur tour. Il se produisit, comme il était facile de le prévoir, une grande confusion et une extrême incertitude dans l'assiette de la propriété.

Dès 1857, le Commandant de Gorée, prévoyant les difficultés auxquelles cet état de choses donnerait lieu dans l'avenir, instituait une commission administrative chargée de trancher les contestations relatives à la possession des terrains de Dakar.

Afin de ne pas laisser prescrire les droits de l'Etat, il faisait annoncer que « l'État se réservait tous les terrains nécessaires pour la voie publique et qui n'avaient pas encore été acquis par les habitants de Gorée » (1).

Ces précautions n'arrêtèrent pas les ventes qui ne firent, au contraire, que se multiplier.

Des mesures énergiques s'imposaient dans l'intérêt de l'État comme des particuliers. C'est ce que comprit le gouverneur Jauréguiberry qui, à la date du 28 février 1862, prenait un arrêté interdisant aux indigènes de vendre des terres dont ils étaient en possession, sous peine d'exclusion de la colonie.

Cet arrêté était précédé d'un rapport d'un de ces hommes qui ont mieux pénétré l'esprit des coutumes indigènes du Sénégal et qui a laissé dans cette colonie le souvenir d'un esprit distingué et d'un homme de bien, je veux parler de M. le Président Carrère.

Après avoir, par un rapide exposé de la coutume du Cayor, démontré que dans ce pays la terre appartient au souverain et que les habitants n'ont qu'un droit de jouissance précaire et révocable, M. Carrère posa ces deux principes, dont l'un est le corollaire de l'autre :

1° Le domaine colonial est devenu par le fait de l'annexion le véritable et le seul propriétaire des terrains situés en pays annexé ;

2° Les contrats translatifs de propriété immobilière dans lesquels stipule un indigène se qualifiant de propriétaire sont nuls et de nul effet.

Cette concession de droits respectifs de l'Etat et des indigènes en matière de propriété immobilière était assurément très juridique, fondée qu'elle était sur ce principe incontestable de droit international public, c'est que l'Etat annexant hérite des droits de souveraineté et de domanialité qui appartiennent au souverain du pays annexé. Sans doute, la propriété privée ne subit aucune modification du fait de l'annexion, mais pour

---

(1) Décision du Commandant supérieur de Gorée du 1er juin 1859. (*Moniteur* du Sénégal du 14 juin 1859).

qu'il en soit ainsi, faut-il encore qu'il existe une propriété privée. Quand la propriété et la souveraineté se confondent, lorsque, comme dans le Cayor, au Dahomey et sur presque tous les points de l'Afrique où nous avons fondé des colonies, on ne trouve, suivant l'expression de notre ancien droit féodal : « Nulle terre sans seigneur », n'est-il pas logique de considérer que le Gouvernement français qui a pris la place des anciens chefs est propriétaire de toutes les terres, que nul ne peut en détenir une portion qu'avec son autorisation, et que celui-là qui ne justifie pas de sa propriété par un acte de concession est un usurpateur.

Cette théorie n'a rien d'arbitraire Elle a été mise en pratique à toutes les époques et par tous les peuples colonisateurs.

Les Romains, dans les contrées où ils s'établissaient, se substituaient aux anciens souverains dans la propriété du sol, ne laissant que l'usufruit aux habitants qui devaient payer, en échange, une rente foncière. C'est ce qu'exprime Gaïus dans cette brève et compréhensible formule : « In eo solo dominium « populi romani est vel Cæsaris ; nos autem possessiones et « usufructum habere videmur. »

Dans les Indes Néerlandaises, où le régime foncier, sous la domination indigène, était absolument semblable à ce qu'il est au Sénégal, les Hollandais ont considéré qu'étant les successeurs des anciens chefs, ils avaient la propriété des terres. En conséquence, ils ont affermé toutes les terres aux habitants moyennant le payement d'une rente égale au septième de la récolte ou du travail.

On a objecté contre l'opinion exprimée par M. Carrère sur le droit respectif des indigènes et de l'Etat, qu'elle méconnaissait les principes du Code civil. Mais l'honorable magistrat, qui avait prévu l'objection y a répondu par avance d'une façon péremptoire. Sans doute, dit-il, le Code civil reconnaît aux indigènes le droit d'acquérir la propriété suivant le mode prévu par la loi française, mais, l'acquisition de la propriété suppose l'existence d'un propriétaire. Lors donc, qu'on dit que les indigènes ont le droit de vendre leurs propriétés, on fait une véritable pétition de principes, puisqu'il resterait à démontrer que la propriété existe au profit des indigènes.

Nous ajouterons que le Code civil, pas plus au Sénégal qu'en France, n'a pas eu pour effet de créer la propriété. Il n'a pu davantage intervertir les titres de possessions et de faire, du jour au lendemain, d'un usage ou d'un usufruit, une propriété incommutable. Les recueils de jurisprudence abondent de décisions rendues contre des particuliers et des communes qui, possédant depuis plusieurs siècles des droits d'usage sur des terrains, prétendaient en avoir acquis la propriété par prescription.

La théorie dont nous venons de parler a reçu, du temps du général Faidherbe, de nombreuses applications. Le Conseil d'administration, saisi de nombreuses réclamations, a maintes fois décidé que le Gouvernement local avait seul à l'exclusion des chefs indigènes, le droit de vendre et de concéder les terrains situés en pays annexés. Ces décisions ont toutes reçu la consécration de l'autorité métropolitaine. Voici en quels termes le Ministre formulait son avis au sujet d'une contestation relative à la propriété de l'île de N'Diambor, située près de Saint-Louis :

« La conquête du Oualo a fait passer tous les droits du Brak « entre les mains de la France et d'elle seule peut et doit *déri-* « *ver la collation des droits de propriété en faveur des* « *particuliers.* » (Décision ministérielle du 16 mars 1866).

Voilà qui est clair et catégorique.

C'est dans le même esprit que, dans l'arrêté du 24 mai 1862, divisant la presqu'île du Cap Vert en trois cercles, le Gouvernement déclarait qu'il concédait le droit de culture et de pacage aux habitants, mais qu'il se réservait de restreindre ce droit si l'intérêt public l'exigeait.

Par là encore, l'Administration manifestait clairement son

droit à la propriété des terres situées dans cette région et son intention d'en disposer comme il lui conviendrait.

Elle entendait en disposer librement, mais sans la réserve admise autrefois pour les terrains du Oualo, que les concessionnaires indemniseraient les indigènes pour les cultures qu'ils seraient obligés d'abandonner et pour les travaux de défrichement qu'ils auraient effectués. Nous avons suffisamment établi, pour qu'il soit inutile d'y revenir, que ce n'était pas là une indemnité d'expropriation, et qu'on ne saurait voir dans la façon dont s'est comporté l'Etat vis-à-vis des indigènes, rien qui implique la reconnaissance d'un droit de propriété. Ainsi donc, il n'y avait aucune contradiction de la part de l'Etat, d'une part à proclamer qu'il était propriétaire des terres et, d'autre part, à indemniser les indigènes qu'on expulsait de ces terres pour les besoins de la colonisation. Ici, encore, l'Administration de la colonie obéissait aux principes d'équité, d'humanité et de bienveillance qui l'ont toujours guidée dans ses rapports avec les indigènes.

En définitive, les sommes que l'État a payées aux indigènes pour la dépossession des terres qu'ils occupaient à Dakar, l'ont été à titre purement gracieux et pour prêter une autre signification à la pensée de l'État, il faudrait s'appuyer sur un ensemble de présomptions graves, précises et concordantes.

Les adversaires de l'État l'ont compris ainsi et ils se sont attachés à démontrer que le Gouverneur et le Ministre avaient eux-mêmes renié la théorie de l'État propriétaire, dans un arrêté portant la date du 10 août 1863.

Voyons ce que dit cet arrêté, et d'abord examinons ses origines :

Nous savons que l'arrêté du 28 février 1862 avait fait défense aux indigènes, sous peine d'être expulsés de la colonie, de vendre les terrains dont ils étaient en possession. Cet arrêté fut soumis à l'approbation ministérielle. Or, à ce moment, l'empereur Napoléon III venait de faire, en Algérie, un voyage resté célèbre, au cours duquel il avait été vivement frappé de la situation précaire des indigènes. Peu après son retour, il écrivait au Gouverneur général, le maréchal Pélissiers, une lettre rendue publique, dans laquelle il exposait un certain nombre de réformes destinées, selon lui, à améliorer le sort des indigènes. Parlant du droit de jouissance précaire, reconnu aux tribus arabes sur le sol, il insistait sur la nécessité de consolider ce droit de manière à constituer graduellement la propriété individuelle.

« Maîtres incontestables de leur sol, disait-il, les indigènes « pourront en disposer à leur gré et, de la multiplication des « transactions, naîtront entre eux et les colons, des rapports « journaliers plus efficaces pour les amener à notre civilisation « que toutes les mesures coercitives ».

En conformité des vues exprimées par l'Empereur, intervenait, à la date du 22 avril 1863, un sénatus-consulte aux termes duquel les tribus étaient déclarées propriétaires des terres dont elles avaient la jouissance permanente et traditionnelle. Toutes les terres non occupées étaient déclarées propriété de l'Etat.

Dans les dispositions d'esprit où était le Gouvernement de l'époque, on conçoit combien la sanction que l'arrêté de 1862 formulait à l'égard des indigènes dut paraître excessive et arbitraire; aussi, cet acte n'était pas plus tôt parvenu à la connaissance du Ministre, qu'il prescrivait de le rapporter, ce qui fut exécuté le 10 août 1863.

L'arrêté pris à cette date fait disparaître purement et simplement la sanction pénale édictée par l'arrêté de 1862. Rien de plus. Peut-on inférer de là qu'il a entendu, comme on l'a soutenu naguère et comme on continue encore à le prétendre, reconnaître aux indigènes un droit de propriété? En aucune manière.

Pour s'en convaincre, il suffit de lire la dépêche ministérielle du 22 juin 1862 qui a servi de base à l'arrêté de 1866. Loin de contredire la théorie de M. Carrère, le Ministre s'y rallie formellement, et il va même jusqu'à mettre en garde l'Administration locale contre une constitution trop hâtive de la propriété individuelle. L'absence de cadastre et la nécessité de conserver aux chefs indigènes, nos protégés, leurs ressources, en même temps que leur autorité, constituent, à son avis, des obstacles sérieux à la consolidation des droits de jouissance.

Enfin, et c'est ici que va éclater sa véritable pensée, le Ministre, à la fin de sa lettre, propose au Gouverneur une organisation assez semblable à celle qui existait jadis en Algérie et qui était connue sous le nom de « Cantonnement ». Il conviendrait, dit-il, de procéder par voie de grands partages territoriaux pouvant se délimiter par des accidents de terrains bien tranchés et fixant nettement la part de l'Etat et celle des populations indigènes ; celles-ci restant dans leurs zônes spéciales soumises aux règles *consacrées par les traditions locales*. Dans ce cas, les ventes y seraient interdites, mais en même temps, il faudrait modifier le décret du 20 mai 1857, et il ne pourrait, d'ailleurs, être question de créer la propriété individuelle autrement que par voie de concessions dans les zônes des biens de l'État.

Il faut donc dire que l'arrêté de 1863 n'a pas touché à la question de l'organisation foncière des pays annexés qui est restée entière et que toute la portée de cet acte a été de faire disparaître une pénalité qui choquait nos mœurs et qui avait le grave défaut de ne frapper qu'un des contractants.

Cela est si vrai et si peu du domaine de l'hypothèse qu'à partir de 1863 on voit l'Etat concéder des terrains sur lesquels les indigènes avaient des « lougans ». C'est ainsi que le 26 octobre 1864, le Ministre de la Marine accorde à la Compagnie agricole du cap Vert un vaste terrain de 500 hectares à charge par elle de payer une indemnité aux « *usufruitiers* », reconnaissant ainsi, du moins implicitement, que les indigènes n'avaient pas sur ces terres un droit de propriété.

C'est ainsi encore que le 26 mai 1865, la Compagnie des

Messageries impériales est mise en possession de deux terrains situés sur le territoire de Dakar.

Il est inutile d'insister davantage pour démontrer qu'à aucun moment quoiqu'on ait dit, l'Etat n'a entendu abdiquer le droit de propriété que lui conféraient les traités sur les pays annexés. On peut seulement regretter que l'Administration n'ait pas cru devoir insérer au *Bulletin officiel de la Colonie*, en même temps que l'arrêté de 1863, la dépêche ministérielle du 22 juin 1862 qui en faisait si bien ressortir le sens et la portée et qu'on ait ainsi permis aux adversaires de l'État d'invoquer comme un argument décisif, un texte qui est, au contraire, leur plus éclatante condamnation.

La définition exacte des droits des indigènes sur le sol n'a pas seulement un intérêt doctrinal. Au point de vue pratique, elle a une importance considérable.

Si, en effet, on admet que les indigènes ne pouvaient posséder le sol qu'à titre précaire, on est obligé de reconnaître que la propriété n'a pu être acquise à leur profit par prescription, et que leurs héritiers ne peuvent actuellement se déclarer propriétaires des terrains qu'ils ont recueilli dans la succession de leurs auteurs.

L'article 2236 du Code civil dispose en effet :

« Le fermier, le dépositaire, l'usufruitier et tous ceux qui « détiennent précairement la chose du propriétaire, ne peu- « vent la prescrire ».

Et l'article 2237 ajoute :

« Les héritiers de ceux qui détenaient la chose à quelqu'un « des titres désignés par l'article précédent, ne peuvent non « plus prescrire ».

De telles sortes qu'aujourd'hui encore l'État serait fondé à reprendre tous les terrains qui, étant occupés jadis par les indigènes, n'auraient pas fait l'objet d'une aliénation et de tous ceux qui aliénés depuis moins de 30 ans, n'auraient pas été acquis par juste titre et de bonne foi.

Nous entendons parler, bien entendu, des terrains situés en dehors de la zône des 50 pas géométriques, dits du Roi, dont l'existence, reconnue au Sénégal par l'article 113 de l'ordonnance organique, a été expressément établie à Dakar par l'arrêté local du 1er juillet 1862.

Les terrains compris dans cette zône étant inaliénables et imprescriptibles ne peuvent avoir d'autres propriétaires que l'État, et les transactions auxquelles ils ont pu donner lieu sont radicalement nulles.

Ils ne peuvent être possédés qu'à titre précaire, et l'Etat en les reprenant, en vue de leur destination légale, n'est pas tenu d'indemniser les détenteurs pour les améliorations qu'ils auraient réalisées (art. 599, code civil), à moins qu'il ne s'agisse de constructions faites, avec l'approbation de l'Administration supérieure, dans l'intérieur des villes et bourgs.

C'est en ce sens que s'est prononcée la jurisprudence coloniale, et c'est aussi l'opinion qui est formulée par les deux auteurs qui ont écrit sur la question : MM. Rivet et Rougon.

Fermons ici cette longue parenthèse pour prendre l'exposé chronologique de la législation locale et mieux démontrer l'erreur dans laquelle sont tombés ceux qui ont prétendu que le Gouvernement avait créé une propriété indigène.

Arrêté de 1865.

Il entrait dans les idées du général Faidherbe, ainsi que nous venons de le voir, de constituer la propriété individuelle au profit des indigènes Les objections que le Ministre avait formulées à l'encontre de son projet ne l'arrêtèrent pas et, à la date du 11 mars 1865, il prenait un arrêté où on lit le considérant suivant :

« Considérant que les indigènes qui possèdent aujourd'hui
« sous le régime de la coutume locale dans les pays annexés
« n'ont aucun titre régulier de propriété, et qu'il convient,
« pour favoriser l'établissement de la propriété individuelle dans

« la colonie, de leur donner les moyens de régulariser leur
« possession....... »

La régularisation ou plutôt la consolidation de ces droits de
possession était validée par la délivrance d'un acte de concession. L'indigène concessionnaire devenait propriétaire incommutable de son terrain et pouvait en disposer, soit à titre gratuit, soit à titre onéreux (1).

Les indigènes ne profitèrent pas de la faculté qui leur était
accordée. Soit insouciance, soit répugnance pour les innovations, ils préférèrent rester dans la situation où ils avaient
toujours vécu.

Arrêtés et enquête de 1889.

Il semble que l'insuccès de l'arrêté de 1865 ait eu pour
résultant de décourager l'Administration et de lui faire abandonner l'organisation immobilière de la colonie. Jusqu'en 1889,
on ne trouve, en effet, aucun acte ayant trait à cette question.
Cependant, par la force des choses, elle devait s'imposer à
l'attention des pouvoirs locaux, ainsi que le prévoyait le président Carrère dans son rapport de 1862. La création du port
de Dakar et, plus tard, l'établissement du chemin de fer,
rouvrirent la question, désormais fameuse, des terrains de
Dakar. On se livra à des spéculations incroyables. Tel lopin
de terre qui s'était acheté, à l'origine, une centaine de francs,
trouvait acquéreur à deux ou trois mille francs. Les acheteurs,
dans leur hâte d'acquérir, ne se montraient pas très difficiles,
quant aux pièces de propriété de leurs vendeurs. Un acte de
Notoriété dans lequel des témoins complaisants venaient
certifier que le terrain faisant l'objet de la vente avait appar-
tenu de temps immémorial aux ancêtres du vendeur ; telle

---

(1) Cet arrêté, soumis à l'approbation du Ministre de la Marine et
des Colonies, n'a été promulgué que six ans après son adoption par le
Conseil d'Administration. Il figure en tête du *D. O.* de 1871.

était, la plupart du temps, la seule justification qu'on exigeait, pour rédiger un contrat de vente. Cette pratique déplorable fut — chose grave — consacrée dans des contrats authentiques par des officiers publics, dont le devoir strict était, pourtant, de rejeter ces actes informes, sans force probante. Grâce à cette facilité, la fraude put se donner libre carrière et l'on vit des individus, sans autre titre que leur propre déclaration, céder des terrains sur lesquels, de notoriété publique, ils n'avaient exercé aucun droit de propriété, ni même de possession. Quant à l'identité des terrains, leurs limites et leur contenance, on se montrait encore moins exigeant et l'on se contentait, en général, de dire que le terrain était situé dans telle partie de la ville et qu'il était borné par des *propriétés particulières*.

L'autorité locale avait eu le grand tort d'assister en spectatrice indifférente à ces transactions irrégulières. Quand elle se décida à ouvrir les yeux, le sol tout entier de Dakar était aux mains de particuliers qui opposaient aux revendications dont ils étaient l'objet, leurs titres et leur bonne foi.

L'État voulant construire des établissements militaires, vit surgir, partout où il faisait donner un coup de pioche, un huissier qui venait lui signifier que le terrain était la propriété d'un habitant et que celui-ci s'opposait à la continuation des travaux et l'on vit des colons qui avaient assisté, sans protestation, à la prise de possession par l'État, de certains terrains incultes, crier à la spoliation et s'en proclamer propriétaires, du jour où ces terrains avaient acquis, par le fait de l'État, une certaine valeur.

En présence des procès dont l'État était menacé, on reconnut la nécessité de fixer les droits respectifs du domaine et des particuliers sur les terrains de Dakar. A cet effet, l'arrêté de 1889 nomma une commission chargée de procéder à une enquête sur la situation immobilière de Dakar. En même temps, pour arrêter les spéculations qui auraient pu compromettre l'œuvre de la commission, il fut décidé que, jusqu'au jour où la question de la propriété serait réglée par un décret, les indigènes ne pourraient aliéner les terrains dont ils étaient possesseurs qu'avec l'autorisation du Chef de la colonie. (Arrêté du 13 août 1889).

C'était là, en principe, une excellente mesure, mais, dans la situation où l'on se trouvait en 1889, elle était appelée à produire peu d'effets. Il en eût été tout différemment si, en 1863, au lieu d'abroger purement et simplement l'arrêté de 1862, l'autorité locale avait, ainsi que cela devait se pratiquer au Gabon, en 1864, exigé l'intervention de l'Administration dans tous les actes de vente de terrains opérés par les indigènes ; il n'est pas téméraire de penser qu'avec une semblable précaution, l'imbroglio, dont on cherche depuis si longtemps le dénouement, ne se serait pas produit et qu'on se trouverait à Dakar comme à Saint-Louis, en présence d'une situation nettement définie.

Quoiqu'il en soit, la Commission, nommée par M. Clément-Thomas, se livra à une étude des plus consciencieuses et des plus minutieuses sur la situation immobilière de Dakar. Elle entendit les divers intéressés et put se convaincre que, dans nombre de cas, les droits des revendiquants à la propriété des terrains litigieux étaient des plus problématiques. Les conclusions de la Commission, formulées dans un rapport très clair et très complet de M. Chambaud, son président, se résumaient dans les deux propositions suivantes :

1° Il y a lieu de valider toutes les acquisitions de terrains sur lesquels des constructions ont été élevées et toutes celles concernant des terrains non bâtis, si les acheteurs avaient un titre sérieux et étaient de bonne foi ;

2° L'Etat doit rentrer en possession de tous les terrains non bâtis qui ont été usurpés au préjudice du domaine, alors que les acquéreurs ne peuvent invoquer leur bonne foi, ni un titre valable.

Conformément aux conclusions de la Commission, l'Administration rédigea un projet de décret dans lequel les acquisitions d'immeubles, faites antérieurement, étaient validées à l'exception de celles concernant un certain nombre de terrains énumérés dans un tableau annexé.

Le décret projeté avait le tort grave de vouloir statuer sur des cas d'espèce et de préjuger ainsi la solution de questions dont il appartenait à l'autorité judiciaire, seule, de connaître. De plus, il statuait seulement sur le passé et laissait les transactions de l'avenir dans les mêmes conditions d'insécurité.

Le Conseil d'Etat, auquel fut soumis ce projet, n'hésita pas à le repousser par cette double considération qu'il constituait un empiètement sur les droits du pouvoir judiciaire et sur ceux du Conseil général, en matière de domanialité. (Avis C. d'État, 4 mai 1892). L'arrêté de 1889 fut rapporté.

Les choses sont restées depuis dans le *statu quo* ou plutôt elles n'ont fait que s'embrouiller davantage, si bien qu'on peut, sans exagération, dire qu'on se trouve en présence d'une vraie crise immobilière.

Convient-il que cette situation se perpétue ? Sur ce point, tout le monde est d'accord qu'il y a quelque chose à faire. Le crédit public est intéressé à ce qu'un acte législatif vienne donner à la propriété foncière, à Dakar, l'assiette qui lui manque et qui peut seule encourager et développer les transactions immobilières.

Bien des solutions ont été proposées; aucune n'a prévalu parce qu'en définitive toutes étaient incomplètes et insuffisantes. C'est qu'en pareille matière, les demi-mesures ne servent de rien; ce qu'il faut, c'est une solution radicale qui garantisse l'avenir et mettre fin aux situations douteuses qui se sont créées, grâce à l'indifférence des uns, à l'ignorance des autres; grâce aussi au défaut de précision de la législation locale.

A cet égard, la procédure d'immatriculation immobilière qui fonctionne actuellement en Tunisie nous paraît présenter tous les avantages désirables.

Ce système qui dérive de l'Act Torrens est trop connu pour qu'il soit besoin de l'exposer ici en détail.

Quant à ses avantages, un de nos législateurs les plus autorisés, M. Franck Chauvreau, les faisait ressortir, il y a à peine quelques mois, dans un rapport au Sénat, sur la réorganisation de la propriété foncière en Algérie.

« L'immatriculation, disait-il, implique avec une publicité
« complète, une certitude absolue pour la propriété et les autres
« droits réels. Au regard des tiers, aucun droit réel n'existe
« s'il n'est inscrit; dès qu'il a été soumis à l'inscription, il
« existe au regard de tous. Qu'il s'agisse d'un transfert de
« propriété, d'une contestation d'hypothèque, d'une clause ré-
« solutoire résultant de l'acte ou du contrat translatif; le tiers
« acquéreur est à l'abri de toutes revendications, si le livre
« foncier ne l'a point averti des dangers d'éviction auxquels
« il était exposé.

« L'immatriculation a un autre objet très important; elle vaut
« purge pour tous les droits et charges non inscrits au moment
« où elle intervient.»

En proposant d'étendre au Sénégal la procédure d'immatriculation, nous n'entendons pas dire par là que le système devra être appliqué— en bloc— tel qu'il fonctionne en Tunisie. Il va de soi qu'il y aura à tenir compte, dans l'adaptation qui sera faite, des différences qui existent entre les deux pays.

C'est là une œuvre de mise au point qui sera réglée en temps opportun et que nous n'avons pas la prétention d'élaborer à nous tout seul.

Il semble cependant utile d'attirer l'attention sur un point d'une importance capitale. Depuis bientôt dix ans, l'Etat a dû soutenir un grand nombre de procès. Quelques-uns sont encore pendants, d'autres sont annoncés. C'est là une situation qui est de nature à compromettre les intérêts considérables dont l'État a la charge. L'immatriculation, que demandera le domaine, des terrains qu'il croit lui appartenir, obligera ses adversaires à se montrer et à faire connaître leurs prétentions. Mais il peut se faire que certains propriétaires jugent plus habile et plus avantageux de laisser l'État prendre possession de leurs terrains, d'attendre qu'une plus-value leur ait été donné pour venir ensuite réclamer une plus forte indemnité. Ce qui s'est passé jusqu'ici n'est pas pour faire écarter une pareille supposition.

Pour déjouer ces calculs et pour que l'État puisse, en toute sécurité, affecter au service auquel il les destine, les terrains dont il aura demandé l'immatriculation, il importe de fixer un délai très court, après lequel le propriétaire ne pourra prétendre qu'à une indemnité d'expropriation, laquelle sera fixée à la valeur qu'avait le terrain au jour où l'immatriculation a été effectuée. Ce délai pourrait être fixé à six mois au cas où le revendiquant serait domicilié dans la colonie et à un an s'il demeurait en France ou à l'étranger.

De deux choses, l'une alors, ou le terrain à immatriculer sera revendiqué avant que l'immatriculation soit devenue définitive, ou la revendication se produira après que le délai fixé pour les réclamations, sera expiré.

Dans la première hypothèse, si les droits du revendiquant sont indiscutables, l'État abandonnera ses prétentions, sauf à demander l'expropriation, pour cause d'utilité publique, du terrain, s'il lui est nécessaire ; si, au contraire, la propriété n'est pas nettement démontrée appartenir au revendiquant, les tribunaux auront à statuer sur la contestation.

Dans la deuxième hypothèse, au contraire, la propriété restera, dans tous les cas, à l'État et le seul droit qu'aura le revendiquant, sera de réclamer une indemnité d'expropriation évaluée comme il est dit ci-dessus.

L'immatriculation devant avoir, selon nous, un caractère facultatif, cette mesure serait insuffisante pour asseoir la situation immobilière de la colonie, si elle n'était complétée par deux autres réformes importantes :

1° L'établissement de l'impôt foncier ;

2° L'obligation imposée à tout propriétaire de clore son terrain, au moyen d'une haie vive.

Il est à peine besoin de justifier de la légitimité de l'impôt foncier. Établi dans la plupart des colonies françaises et étrangères, il n'a soulevé, nulle part, de récriminations. Dans l'Inde et à Java, il forme l'une des sources les plus importantes du revenu colonial. Sans aller aussi loin, au Sénégal même, n'est-ce pas l'impôt foncier qui, sous le nom d'*assaka* constitue la principale ressource des chefs des pays de protectorat? Il est donc permis de penser que les contribuables du Sénégal, en considération des avantages que procurera la nouvelle contribution, ne feront aucune difficulté pour s'y soumettre; l'impôt foncier aura, en effet, pour résultat de révéler les noms des propriétaires de terrains sur lesquels la propriété ne se manifeste aujourd'hui par aucun signe tangible, de déterminer quels sont les emplacements qui peuvent être appréhendés par le domaine, comme bien vacants et sans maître, et de permettre, à bref délai, la constitution d'un cadastre.

La clôture par haies vives facilitera, elle aussi, cette individualisation de la propriété; en outre, elle formera d'une manière difficilement destructible, les limites de la propriété de chacun et mettra obstacle aux empiètements qu'il est impossible de prévenir dans l'état actuel des choses. Cette mesure est appliquée à Java où elle a produit les meilleurs résultats.

Les réformes que nous préconisons ne devraient, selon nous, recevoir d'application que dans les centres organisés, c'est-à-dire là où les propriétaires possèdent la terre d'après les règles du droit français ou en vertu d'un titre de concession.

Partout ailleurs, ainsi que nous l'avons vu, la propriété n'est pas constituée et n'est pas près de l'être. Les indigènes continuent à posséder la terre à titre précaire en vertu de la coutume. Convient-il de leur imposer notre législation foncière? Nous ne le pensons pas. Chez ces populations, la propriété est un mot vide de sens, il ne répond, ni à leurs besoins, ni à leurs mœurs et leur esprit essentiellement conservateur est trop opposé aux innovations pour accepter un régime foncier calqué sur le modèle du nôtre.

Nous estimons donc qu'il faut laisser aux indigènes, le bénéfice d'une situation qui est conforme à leurs traditions et à leur état social.

La théorie de l'assimilation « quand même » a fait son temps. Critiquée par des publicistes de talent comme Prévost Paradol, elle a définitivement succombé sous les traits dont l'a accablé un grand homme d'État dont l'histoire impartiale gardera la mémoire, Jules Ferry.

« Les lois françaises, écrivait-il peu de temps avant sa mort,
« ne se transplantent pas étourdiment ; elle n'ont pas la vertu
« magique de franciser tous les rivages sur lesquels on les
« importe ; il faut, en tout pays, que le présent compte avec le
« passé ».

C'est sous la protection de ces éloquentes paroles que nous nous plaçons pour demander à notre tour que les indigènes conservent comme par le passé l'usage du sol et que l'État s'en réserve la libre disposition à charge par lui d'indemniser les occupants réels.

En agissant ainsi, nous ne froisserons les intérêts de personne et nous aurons réussi à concilier les droits des indigènes et les intérêts de la colonisation.

SAINT-LOUIS (Sénégal). — Imp. du Gouvernement.